MASNÁI

Josep Carles Laínez

Colección ites

MASNÁI

© Josep Carles Laínez
© de la fotografía de portada: Josep Carles Laínez
© de esta edición: Olé Libros, 2024

ISBN: 978-84-10053-29-8
Depósito legal: V-1727-2024
Impreso en España

KALOSINI, S. L.
Grupo editorial olé libros
equipo@olelibros.com
www.olelibros.com

necue taunei litom
necue masnai tizaunei litom
soz aucu

Bronce I de Contrebia Belaisca

PROEMIO

Siempre he escrito haikus. Perdón. Borro la frase o, mejor aún, soy explícito desde el comienzo: siempre he escrito aforismos, o sería preferible denominarlo «género en brevedad», sin saber tampoco muy bien qué quiere decir ello. «Intergénero» tal vez. ¿Es un poema, un haiku, un aforismo, un fragmento al vuelo...? Es todo eso. Sin embargo, conforme en la última década recogía y releía los escritos en la pequeña libreta gris destinada a ellos, me he dado cuenta de que no eran haikus *stricto sensu*. Algunos —los más líricos— sí podrían resguardarse bajo ese paraguas; la mayoría, a mi ver, no. ¿Aforismos, pues? Soy reticente. Al menos aforismos con estructura trinitaria, que se leen como un único destello sintáctico, o con las pausas (¿versales?) que posibilita esa descomposición en tres niveles de acceso a cada uno. A fin de cuentas, un terceto no es un haiku, aunque al revés sí.

Masnái —título nada oriental y, por el contrario, muy arraigado a nuestro suelo, pues es una voz celtíbera interpretada como «con desgarro»— fue surgiendo al albur de los meses, en la mañana de los preludios o en el monótono mediodía, sin perseguir yo estructura alguna en cuanto a su conjunto, ni tampoco atarme a las sílabas que en japonés se le asignan tradicionalmente a esta forma poética (5-7-5). A veces me hubiera bastado un par de versos o de líneas, e incluso una palabra, pero me forzaba a esa tesis-antítesissíntesis hegeliana, a esas emanaciones plotinianas, a esa tríada filosófica para extraer algún saber de una escritura no automática, pero en ocasiones torrencial, tanto que implica al fin una criba sistemática e impiedosa.

Masnái lo he dividido en cuatro secciones que, vuelvo a jugar, tienen su correlato en las estaciones del año, estructura, hago memoria, muy nipona. Así, en mi caso, «Ese sonido de luz» correspondería a la primavera (*haru*, en japonés) de la búsqueda espiritual; «Martinis», al verano (*natsu*) deseante de la juventud y los encuentros, y donde se hallan los ejemplos más humorísticos del volumen (veta ignota en mí); «La bella molinera», que rinde homenaje al ciclo homónimo de Franz Schubert, al otoño (*aki*) del recogimiento; y «Masnái», que asume el título del libro en su totalidad, al invierno (*fuyu*) de las verdades y la aceptación. Sin embargo, esta división en cuatro partes no se hallaba en el comienzo de la escritura sistemática de este volumen; se impuso ella sola, sin yo buscarla.

Renuncié desde el comienzo a la idea de un *haibun*, a pesar de llevar en paralelo un diario y este libro de haikus. No perseguía tal elaboración, sino algo más sencillo, alejado de la lírica, de la búsqueda reflexiva y, aunque uno no siempre es libre, del juego de palabras que mueve a la sonrisa. Que el título de este pequeño tomo esté en celtíbero ya es un arma arrojadiza, un vehículo programático por sí mismo. Después vendrá el culturalismo con lo explícito y lo implícito, los dos mil años de historia, el diálogo Oriente y Occidente..., pero más raíz que aquella, ninguna.

Como procuraba dejar disimulado más arriba, *Masnái* es, a su modo, un diario. Quizá en el fondo no escriba otra cosa. De ese rasgo procede acaso la elección de no componer un volumen breve, de pretenciosidad pseudomística y número de haikus reducido a fin de que el lector pase más tiempo dejando vagar la mente que introduciéndose en la vida vivida y real que he pretendido ofrecerle. En este punto, *Masnái* sería una avalancha sensorial no privativa mía, aunque sí íntima. Que ese desgarro de la realidad, anhelo, llegue a quienes abran sus páginas por donde sea.

J. C. L.

ESE SONIDO DE LUZ
(*HARU*)

Un templo vacío.
Los bares, ahítos de gente.
El ocaso.

                              Las hormigas trepan
                         por el collar de cuentas,
                              como queriendo orar.

Mientras los coches pasan,
y las gentes alborotan
yo canto *Hare Krishna*.

                                 Subo la escalera
                                  de dos en dos.
                                 No hay mañana.

El caballo junto a la sirena.
El gallo al lado del Buda.
En la repisa, disimulan.

                               El libro de magia,
                               en la estantería,
                               arde por dentro.

Un higo chumbo reseco
sobre la pared derruida.
Abandonad toda esperanza.

                                  En la foto,
                        el Buda de Kamakura
                               parece eterno.

No hay sol.
Tampoco hay niebla.
Entre el ser y el no-ser.

          Un gong plateado
          entre dos hierros:
          la luna.

La foto del santón
en la pared.
No engaña a nadie.

          Por el suelo, en el rastro,
          los libros de mística.
          Qué humildad.

Este silencio,
esta calma
que el mundo hace jirones.

          Collados y altozanos,
          pinos y algarrobos,
          hermanándose en la noche.

Mi vientre sube y baja,
cada vez más amplio,
como un buda triste.

          Las amapolas en el camino
          ayer no estaban.
          Mañana no estarán.

Flujo, sangre y semen.
¿Dónde dejamos
la trascendencia?

                              Vera exégesis:
                              quitar palabras
                              a la Palabra.

El conejo congelado
en una bolsa cerrada.
¿Espera renacer?

                    Una vela encendida, un rezo.
                              ¿Por qué lo gaseoso
                              es más que lo sólido?

Guardar silencio
es superior
a estar callado.

                              Antes del rezo,
                              el silencio.
                              Después, la mudez.

¿Las zapatillas se ofenden
cuando me descalzo al borde
para pisar la alfombra y orar?

                              La oración
                              en la noche.
                              Como un aullido.

Los cipreses
no tienen más remedio
que creer en Dios.

¡Buscar en la carne
lo que solo se halla
en el vacío!

Esta plenitud
del ser,
este acallamiento.

Miro una flor.
Sale una abeja.
Susto de ambos.

Todas las figuritas del cuarto
en silencio profundo, meditando.
Menos yo.

Zurea la paloma
mientras en tu cuarto
te arrodillas.

Al tirar la basura,
la luna con halos
en la tibia noche.

Subrayas el versículo
al calor
de la mesa camilla.

El andamio
junto a la ventana.
Torpe Babel.

«Aquí hubo un cementerio...»,
recuerdas mientras pisas
la superficie asfaltada.

Un convento abandonado.
Montan guardia
dos gatos inmóviles.

Guardas silencio
tras la oración.
Los dos lo guardáis.

El combate espiritual
es mala lucha.
El enemigo está dentro.

Pagar la factura,
hacer la transferencia...
Esas cosas del espíritu.

«Y la única ley, la libertad».
¿Espronceda?
La Biblia.

¿Cualquier obligación
mata el espíritu?
No. Lo tortura poco a poco.

El silencio
es sagrado.
Por eso es perseguido.

El sonido lejano de la carretera.
La luz del alba.
Momentánea eternidad.

En el plafón del techo,
un cementerio de insectos
esperando otra luz.

Al menos un par de versos...
Vas medio mendigando
no sabes a quién ni por qué.

Mira la hormiga,
centrada en su camino.
Nosotros, no.

Los arcanos de la baraja,
en su cajita,
debaten sobre el mañana.

Nada existe ahí fuera,
y cada vez más encerrado
soy menos yo mismo.

Repites las acciones
mientras avanza el día.
Un modo de eternidad.

En el cielo,
el reflejo del cristal.
El universo aquí dentro.

La figura de la Virgen
recibe la luz,
como le es costumbre.

Las cajas abiertas,
los libros saliendo de ellas...
Una suerte de resurrección.

Gente en la calle.
Hablan alto.
No entendieron nada.

Sopor de primavera.
Bolígrafo y libreta
se caen de las manos.

Al despertarme,
carezco de hambre.
Mi cuerpo aún es fantasma.

Si cada acto
no es sagrado,
es redundante.

MARTINIS
(*NATSU*)

La luz de la piscina
se refleja en la terraza.
Una muchacha la atraviesa.

Palmeras entre la brisa.
Al fondo, el mar.
Mediodía de julio.

Rostros radiantes
saliendo del súper.
¿Mayor felicidad?

Me subo el calcetín.
Muevo el pie.
¿Quién está ahí dentro?

Mis calcetines de *trekking*,
tirados en el sofá,
tristes.

A punto de escribirlo
se me escapa.
El haiku.

La ropa deja de dar vueltas.
La lavadora nos mira
cual perro juguetón.

Es tal la dejadez
que no atraparía una tortuga.
Emulando a Aquiles.

Corre la perdiz.
Alza el vuelo.
Blanco.

Una pelota de frontón.
Suena y suena y suena.
Voces de niños.

La sombra se acorta
a lo largo de la vida.
Como todo todo.

Un haiku no es
una greguería.
Mejor al revés.

La ropa se seca.
Como si hiciera algo
por sí misma.

Estar a gusto con alguien:
como pez en el agua,
como res en matadero.

Ruidos en el estómago.
Me debato entre otro verso
o comer algo.

El semáforo cambia
justo antes de cruzar.
¿Segundos ganados o perdidos?

Una paloma en la cornisa.
Saltar o no saltar
no va con ella.

Se me cae una aceituna
y rueda por el suelo.
Como si huyera.

Niños en la piscina.
Molestan como pulgas.
Tú, el perro viejo.

En la tarde de verano,
un vecino se asoma al balcón.
Su tripa roza la barandilla.

El autobús se detiene.
Camina una paloma
por el paso de cebra.

«Te quejas
por gusto»,
le dijo al masoquista.

Moscas en la basura
poniendo huevos.
¡Hermosa maternidad!

La sonriente cara del rey
en una carta entregada.
Feliz de la misión cumplida.

Mi zapatilla
en acrobacia sobre el pie.
Se cayó.

Los calcetines en la cama.
Unos pies los penetrarán.
Viciosos...

Depreda,
que algo
queda.

Ni un verso
de madrugada.
Como taxis.

Coches, aviones,
carreteras, autopistas...
Solo de oídas.

No tengo pájaros
en la cabeza.
Reactores...

¿Siguen allí los chicos guapos
de los anuncios de Martini?
Ellas ya sé que no.

Su brazo moreno
junto a la puerta.
De idéntico color.

Durante la cena
sintonizas canales internacionales.
A ver si algo se te pega.

                            «Tú escribe.
                Lo importante es que escribas»,
            suele decir quien quiere engañarte.

—¡En casa
ya no entran más libros!
—Calma. Los meteré yo a la fuerza.

                            Ser discreto,
                        como el ombligo
                            a tu vista.

A las puertas de una fiesta,
los gusanitos se agolpan
en la bolsa de la basura.

                    La previsión del tiempo,
                            para hoy,
                        no se moja.

La playa:
apatía
o lujuria.

                    Un automóvil en la noche.
                        Su sonido,
                    argumento de novela.

Los niños,
en los columpios,
jugando a irse.

                              «Todo es *marketing*»
                                repetía mi padre.
                              Y yo no le entendía.

Las gaviotas en línea,
como si les fueran
a tirar una falta.

                              Hablar mal de alguien
                          hasta que es demasiado tarde.
                    Luego el arrepentimiento y esas cosas.

La araña descolgándose
por la librería,
ajena al saber.

                              Mientras pasa un coche,
                                  bajo los pinos,
                                  la cálida meada.

Un charco en la calzada.
Una rueda se zambulle.
Ruido del agua.

                              Esas nubes de lluvia
                                  al amanecer,
                              justo cuando sales.

Los relámpagos aparecen
por el costado del edificio,
jugando al escondite.

La cabra mira inquieta
el trasiego de los hombres.
Nada bueno...

Sólo he visto perros hoy.
En cuanto al resto de animales,
ni una mosca.

En la plaza,
sillas vacías.
Empieza el espectáculo.

Igual que futbolistas
en el banquillo,
los libros que no hojeas.

Aguanta el tirón
y ya verás...,
ya verás qué poco pasa.

¡Que no cunda el pánico!
Una sociedad tan corrupta
ya solo puede engendrar santos.

Sobre el mantel,
una hormiga.
Juega al ajedrez.

Las hojas no caen,
solamente pasan.
Las del cuaderno.

En el cable eléctrico,
unas cotorras.
Algo deciden.

Contra la mañana,
las bombillas pugnan
valerosamente.

Las pastas sobre la mesa.
Una mosca revolotea.
Ilusionada.

Una muchacha se detiene.
Yo voy escuchando a Bill Evans.
Qué fácil es engañarse.

La cara del cerdo,
del revés,
más sabrosa.

Libros *hippies* de los 60.
Dan más vértigo
que un papiro.

«No juzguéis
y no seréis juzgados...».
Vale, pero ¿quién empezó?

«La calle desierta,
la noche ideal...».
Son del pasado.

El cruasán
en la bandeja,
un cangrejo de mentiras.

Ningunas ganas
de escribir un haiku.
Ya está.

El estómago me hace ruidos.
La nevera empieza a sonar.
¿¡Qué quieren de mí!?

Calcetines grises.
Mis pies semejan
hermosas ratas.

Los enchufes metidos
en la regleta.
Animalillos en bebedero.

El cuerpo se relaja;
la mente, no.
Estamos en las mismas.

Escribes menos.
Que eres más exigente, dices.
Busca excusas...

Factoría de haikus.
¿Cada poema valdrá
tres céntimos?

Noche de verano.
En la cortina,
un murciélago.

La luna sobre la palmera.
Una niña estira la mano.
La bolsa de pipas.

El tictac del reloj.
Igual que un metrónomo.
Andante.

Cajas de libros apiladas.
Guardan sus secretos
con celo.

¡Esas imágenes, Señor,
no me des!
Que tienen labios...

Hacia ninguna parte.
¿O hay otro modo
de ir libremente?

En el taller mecánico,
el mapa de la pared
se siente atado.

Un aparato de aire acondicionado
bajo la lluvia.
Espera tiempos mejores.

                    Golondrinas muertas.
                    Retiro de la cuerda
                    los calcetines.

No aparece el impermeable.
Quizá tampoco le apetezca
salir de casa.

                    Al fregar,
            las cucharillas se escabullen
                como animales traviesos.

Zambullido en un libro,
uno siempre acaba
con la cabeza en las nubes.

                    Lanzas de un pequeño ejército.
                    Recién afilados
                    los lápices.

Este movimiento de gentes
en día de festejos.
Moscas en un cristal.

                    Fue un día de verano.
                    Pero no en un día,
                    sino en todo el verano.

El niño a la puerta de casa
cuenta los segundos
que le restan de castigo.

Me pongo un calcetín.
Los dedos, rebeldes,
se atascan con los hilos.

La silla, la cama, la cortina.
En el suelo, la ropa...
quitada a toda prisa.

Baratillo de pobre.
La plaza convertida
en complejo de Diógenes.

Esas persianas bajadas.
Ese toldo enganchado.
Esa ausencia.

La boca cerrada.
Las moscas que no entran
vuelan alrededor...

El bolígrafo
a su sitio,
satisfecho.

LA BELLA MOLINERA
(*AKI*)

Bostezo.
Me froto los ojos.
Un día más.

Tierno momento del alba.
Todas las cosas parecen
fuera del tiempo.

Recién salido de la cama,
me he traído al sillón.
Acabo un haiku.

Un abuelo con su nieta.
Chirría la puerta del patio.
No pienso nada.

Tocas las hojas del árbol
de buena mañana...
cuando aún dormían.

La mosca liba
el trozo de mora
chafado en el suelo.

Sondormido aún,
oigo los coches
a cámara lenta.

La mujer sobre el tractor
sale despacio de la casa.
En su rostro, el sol de otoño.

Desapareció en la noche
el molinillo de viento
de colores.

                Bajo la puerta mecánica,
                  el ladrido de un perro.
                    Una moto lejana.

Un café humeante.
Un cigarrillo.
Nuestras palabras.

                Los gatos, tan silenciosos
                    que no se oyen
                      ni en un poema.

El chirriar de un coche
cuando aún está oscuro.
Y otra vez el silencio.

              Dos hombres cortan troncos.
                En la estación cercana,
                    un altavoz.

¿Mañana de otoño?
Me quito la chaqueta
a mitad de camino.

                    En los pajares,
                      ladridos.
                Nadie por la senda.

La anciana mueve las manos,
se levanta, entra en la casa.
El mirador, igual de vacío.

Densa masa de nubes.
Impertérritas las esperan
las antenas del edificio.

Cuando quito la ceniza
sube el polvo hacia lo alto.
Memoria de los árboles.

Un insecto sobre el libro.
Ahora permanece.
Ahora se va.

La nieve
en el parabrisas,
perdiéndose...

En medio del campo,
voces de niños.
Sobran.

Lloriquea el *husky*
de los vecinos.
Tan grande y tan cobarde...

Damos la vuelta
junto a las vías.
Esta calma...

Llega el tren.
En la estación,
ningún viajero.

Sobre la hierba,
una lata oxidada.
Parece de otro mundo.

Una pobre abeja
en medio del camino.
Arrastrándose.

Cuatro perros a la carrera.
Sobresalto hasta que vemos
que acuden a su dueña.

Una posta en ruinas.
Yo en el dintel
esperando que abran.

Ni una sílaba
en los labios.
Pasa la tarde.

¿Adónde llega este camino
que han asfaltado?,
te preguntas mientras llueve.

Un gato maullando
en la ventana.
Se ha equivocado de casa.

¿Qué harías ahora, de poder?
Y continúas respirando.
Ajeno.

                              Tarda la noche.
                              Me revuelvo
                              incómodo.

Las ruinas tienen vida.
Las otras cosas
están viviendo.

                    Mientras vamos por el túnel
                    me habla el taxista.
                    Su dulce voz al mediodía.

La cerveza en la avenida,
mientras los coches pasan,
y no somos míticos.

                              Un moscardón
                              confunde mi visera
                              con algo que busca.

Un tráiler tras otro...
Al desaparecer,
montañas.

                    La lavanda sobre los tomates
                    al sacar la caja del huerto.
                    Como en una película francesa.

Un garaje en el solar.
Los coches, ordenados,
aguardan la lluvia.

            Los camiones en la autopista.
            Tú en un área de descanso,
            comiéndote una aceituna.

En lo alto del cielo,
la luna menguante,
allá a media tarde.

            Al torcer la calle,
            el semáforo y los edificios:
            una viñeta de Tomine.

Al otro lado de la valla,
un perro se pone a ladrar
cuando nos oye.

            Frutos en los olivos.
            En un recodo,
            un hombre sierra un tronco.

La chimenea del edificio,
del color del cielo
antes de la lluvia.

            El viejo toldo, a jirones;
            pero entre los desgarros,
            el cielo.

Las olivas caídas
en el camino,
como heces de cabras.

        Las heces de cabras
          en el camino,
      como olivas caídas.

Cual luciérnagas
enloquecidas.
Los coches a lo lejos.

        Apretamos el paso.
          Anochece.
        Baja la niebla.

Con un billete de 50 €,
aparto al escarabajo
del peligro del camino.

          Los pies fríos.
  Me rozo la uña con el dedo.
          Cae la tarde.

El viento en la persiana.
El sol vencido hacia poniente.
Una mota de polvo frente a mí.

        En medio del cielo,
         la estela del avión
           imita las nubes.

Ese tono rosado e irreal
del crepúsculo.
Tan irreal que ya no existe.

          Las ramas recién cortadas
          se escapan de la bolsa.
          Emulan a jóvenes serpientes.

Tintinea una bombilla.
Se cierra una puerta en la calle.
Anochece.

               El bolígrafo,
               inmóvil en la página.
               Se amontonan las palabras.

En la noche,
cielo rojizo.
Mis pasos en la rocha.

               Escribes un haiku
               a modo de pescador,
               no de quien caza.

Caminar de noche por la casa,
como si los muebles
durmieran.

               Una pareja se besa
               en la plaza de San Marcos.
               Nosotros mismos.

El pitido de la locomotora
en mitad de la noche.
Espita de mis deseos.

Un ratoncillo en los troncos.
Deslumbrado mira
mi linterna.

Sobresalta
la voz de una niña...
Por suerte es un gato.

Crecen los libros
desde el suelo.
¿Adónde creen que van?

Fotos y fotos
que no son especiales.
Esas son las buenas.

El flexo cree observarme,
pero está apagado,
y no lo sabe.

Truenos en la noche.
Los oigo como en sueños.
Y aún es verano.

Ese último coche
por la carretera.
Noche cerrada.

¿Risas o ladridos?
La madrugada solitaria
alumbraría una leyenda.

Salta el pez a contra corriente.
Una libélula azul
lo observa sobre el agua.

Un avión
mientras respiro
bajo la manta.

Un paso tras otro.
No llevan
a ningún sitio especial.

Delante de la estación,
un coche espera.
Pero ya no pasan trenes.

Mañana de domingo.
Aquí sentado
como si no hiciera nada.

MASNÁI
(*FUYU*)

Nada más levantarme,
escribo.
Empiezo el día inútilmente.

                              Una foto antigua.
                              Refleja los rostros
                              de quienes no fuimos.

Los sonidos de la mañana.
Como un niño que salta
sobre un somier.

                              Antes, la noche.
                              Luego, la noche.
                              El día es un picor.

No oímos el viento,
sino otras cosas.
El viento es mudo.

                    Los vecinos se despiertan.
              No se dan cuenta, no se dan cuenta...
                    El día se consume igual.

Los peluches
parece que esperan algo
que desconozco.

                        Un camión en la mañana.
                              Raudo pasa.
                              Como esto.

Arreglando la leña,
el esqueleto de un ratón.
Ahora husmea en la basura.

                    Las fotos en los estantes.
                    Sus rostros esperan ahí
                    nuestro lugar.

El polvo cubre,
sin prisa alguna,
todo cuanto amamos.

                         Las pulseras
                    esperan mis brazos.
                    Y yo mi juventud.

Aguardo el verso
como un perro
a su amo.

                    Quito los sellos a un sobre.
                    Como las alas a una mosca
                    muerta.

Fanzines en los estantes.
Su dolor
de envejecer.

                    La bombilla parpadea
                    antes de fundirse.
                    Eso es todo.

El mundo siempre es el mismo,
pero nunca es el mismo.
En ese resquicio, en ese.

> La placa de homenaje,
> rota por una esquina.
> Tiempo al tiempo.

Las flores se mueven,
también el toldo.
Se pasa una página.

> Y todas estas figuritas,
> por la noche, como en un sueño...
> No, no cobran vida.

El corazón me lleva ventaja.
Se detendrá
antes que yo.

> Siempre es de noche.
> Siempre es de día.
> Y sucesiva pero no eternamente.

Me levanto de noche.
Me acuesto de noche.
¿Y el día en medio?

> Releo mi diario.
> ¿Qué necesidad
> de ser el que no soy?

Ponerse en movimiento.
Como si hubiéramos de capturar
las horas.

¿Acaso el mundo
puede darme
lo que no tengo?

Salimos del sueño
como si huyéramos
de una premonición.

El viento silba
cual demente
que ha olvidado silbar.

A pesar de todo,
en un poema
solo hay palabras.

Veo el codo salir
por la manga rota.
Como quien cambia la piel.

Tiendo las camisetas.
Las dispongo en perchas.
Ejército de fantasmas.

En la casa hundida,
los cables permanecen.
Mayor soledad...

Tras el paseo,
los brazos del sillón
parecen de carne.

Después de la carrera,
mi sangre sigue corriendo,
buscando una salida.

Decididos a vivir
cada día
llegamos al ocaso.

Los años han pasado
y yo sigo escribiendo,
irresponsable.

Una cronología:
inútil como un listín
para saber la vida.

Las ramas del níspero
impiden el paso hacia la leña.
Como si protegiera a sus muertos.

Se bifurcan los caminos
en el crepúsculo.
Cualquiera vale, cualquiera...

Se agota el mundo
en cada verso.
O yo me seco.

Los días se amontonan
como piedras
en un derrumbe.

¿Hacer el amor
para qué
sino para frustrarse?

Una vida de resultados
no es una vida,
sino una estadística.

¿Sacar cabeza?
¿Para que alguien te vea
y te abata?

Nubes sobre la casa.
Ni la antena que se yergue airosa
las detendrá.

La vida del ayer.
O es mito
o no es nada.

Como peldaños
que se caen,
los días de la vida.

No hay nada
mejor, nada
para ti.

Sin saber que lo protejo,
cruza la vieja carretera
un pequeño escarabajo.

La bombilla ilumina
haya o no luz.
Su forma de ser fiel.

En silencio,
como libros
a oscuras.

Llegan los pollos al súper
sin vísceras y sin cabezas.
Para que no nos miren a los ojos.

Un diccionario con toda la escritura.
Y yo aquí,
con unos pobres versos.

Las acciones cotidianas
semejan actos inútiles.
Hasta que no queda tiempo.

Jóvenes hermosas
con vaqueros ceñidos.
Labios callados para ti.

En lo temprano del día,
un avión que despega.
Haces que no lo escuchas.

—Todos los días
es empezar desde cero.
—Y no hay sitio al que llegar.

                    Aceleras en la autopista.
                    No para llegar antes,
                sino para huir lo más pronto.

¿Qué libros acabaré?
¿Qué libros no acabaré?
Parecen cartas boca abajo.

                        Miras la calle
                    como lugar de paso.
                    Y ella te es hostil.

Sobre el paso de peatones,
a punto de alcanzar la acera,
la paloma muerta.

                    Me duermo en el sillón.
                    Mi cuerpo no tiene piedad
                        conmigo mismo.

Extravío las palabras
sin recordar
si las pensé.

                    Frente al espejo,
                tu tripa caída, tus brazos fofos.
                Pronto no sabrás quién eres.

Una avispa entusiasmada
con la bolsa de basura.
Desconoce que no saldrá.

Cada día
reinventas el deseo,
otro, y lo machacas.

Dejas de ser joven
sin percibir que significa
hacerte viejo.

No entienden nada,
pero nada del mundo.
Les sacia la ignorancia.

El llanto de la niña
en la madrugada.
La primera verdad.

Se amontonan los papeles
unos sobre otros.
Polvo serán...

No te engañes.
Tu vida son palabras.
En el peor sentido.

Los libros esperan,
ansiosos en sus sitios,
el fuego, el gusano o el olvido.

Siempre contra las cuerdas
sea nuestro enemigo
real o no.

Una vida
de interior.
Como un feto.

El goteo del grifo.
Improvisado
reloj de agua.

Troncos en filas
dispuestos para arder.
Los días de la vida.

Por debajo de la tinta,
si prestas atención,
aún huele a bosque.

Ya no hay tiempo de que leas
todos los libros que tienes.
¿Cuáles condenas y por qué?

La justicia o el amor.
Dicho de otra forma:
la justicia o callar.

El mundo es lo que ocurre.
La vida se te pasa por la cabeza,
y no te atreves.

Bajo la luz del flexo,
el polvo
parece estar vivo.

Inspirar y espirar.
Inspirar y espirar.
Y expirar.

Esos planes tan claros
a la luz del alba.
Farolillos chinos.

En todo caso, las páginas
se cargan de palabras,
no de hechos.

«Tanto libro,
¿para qué?»,
gritan los bosques.

Gente y gente por las calles.
Una nube de moscas
buscando su mierda.

Leer y leer...
Cuando la vida
nos da miedo.

¿Qué queda
después del poema
sino un descenso a los infiernos?

Ese pajarillo
caído del nido,
esa fila de hormigas.

                              Todas esas palabras
                                      sin escribir,
                              ¿dónde permanecen?

No mires al suelo.
Las hojas
agonizan.

                                 Ese puto animal
                           que gime tras la puerta.
                              ¡Ah! ¿Es humano?

La luz del crepúsculo.
Igual se refleja en el mar
que en los peces muertos.

                              Las ramas, humildes,
                                        se parten
                                    sin serrarlas.

Somos los mismos
aunque pase el tiempo.
Dulce engaño...

                              Vacíos de recuerdos,
                                     ¿los versos
                                   permanecen?

La luna,
sobre mar y charco,
magnánima.

                    La palmera se cimbrea
                              seductora.
                    Pero en la playa no hay nadie.

Y si las fotos
son puertas,
¿dónde está el pomo?

                              Este bolígrafo
                    tiene el trazo más fino.
                    El verso será más efímero.

En la tarde,
el silencio de este sol
hacia poniente.

                    Una llave maestra
                    que cierra todas las puertas
                    y no abre ninguna.

Siempre viene a socorrerme
el viento de la mañana.
Y se cuela en los versos.

                    Se levanta la niebla.
                    Parece más alto
                    el ciprés.

Saboreas la infusión
en la mañana,
ese bosque licuado.

Esa imagen que no existe
interfiere como si fuera real.
¿O sí que existe?

Por este cerezo muerto,
antaño,
trepaba yo.

¿Mariposas en el estómago?
No nos confundamos.
Son avispas.

«No hay que tener miedo»,
dicen todas las voces
que tienen miedo.

En tus oídos,
golpea el silencio.
Teme que lo ignores.

De repente, el sol en la cara.
Cierras los ojos
y vuelves a ser joven.

Noche de viento.
La garrafa vacía
de un lado a otro.

Gotea viscosamente
la noticia
leída en el periódico.

                    Recuerdas una gasolinera
                    en una carretera de Castilla.
                    Todo parecía eterno.

No dejes resquicios
sin cubrir.
Siempre llega el viento.

                    La humanidad alardea
                    de quienes llegaron muy alto
                    a pesar de ella.

Levantarte para escribir.
Como si la cama
te hubiese dictado.

                    Cuelgan las marionetas
                    inmóviles de un hilo.
                    Sabemos que fingen.

Poca gente conoce
tu nombre.
Y esos también morirán.

                    Un desagüe.
                    Embozado.
                    ¿La historia de qué vida?

Los guantes amarillos
flotan en la lejía
como pecios de naufragio.

                    Mientras el semáforo cambia,
                         mi madre se agacha
                         a coger una hoja.

El gorrión se acerca
hasta la mesa.
Como un mendigo.

                         Vete ya de aquí,
                    no pierdas el tiempo.
                    Y la paradoja me sonríe.

Milagroso el poema
que vuelve a abrasar la noche
después de vivida.

ÍNDICE

.